오솔길이 좋아

제1회
계간문예문학상
수상작품집

제1회 계간문예문학상 수상작품집

오솔길이 좋아

엄기원 동시집

계간문예

| 시인의 말 |

  동심의 시집을 여러 권 냈지만 이번에 출판하는 「오솔길이 좋아」만큼 큰 기쁨과 보람을 담은 적이 없습니다.
  글 쓰는 문인이 자신의 창작집을 세상에 내놓는 것은 산모가 열 달의 기다림과 산고 끝에 출산하는 신생아에 비길 수 있는 기쁨입니다.
  게다가 이 시집은 계간문예가 제정한 제1회 계간문예문학상 수상작품집이기 때문에 저자로서는 더욱 자랑스럽고 의미 있는 책이라 감히 말할 수 있습니다.

  1963년 1월 1일 한국일보 신춘문예로 등단한 지 어느새 53년, 반세기가 훨씬 넘었습니다. 이 세상 많은 일 중에 가난한 글쟁이로 살아온 것을 나는 자랑스럽게 여기고 있습니다. 돈도, 명예도, 사회적 지위도 없지만 童心을 지니고 어린이를 위한 글을 쓰며 살았다는 게 자랑입니다.
  그렇기 때문에 세상 물정을 모르고 어린이처럼 살고 있어 부끄럽기도 하지만, 대한민국에 태어나 이렇게 아름다운 나라에서 한평생 동심의 시를 쓰며 사는 게 행복하기만 합니다.

2016년 새해를 맞이하면서 세상에 내놓는 이 동심의 시집 「오솔길이 좋아」는 어른이 읽으면서 어린이를 생각하고, 마지막 독자가 어린이였으면 좋겠습니다.
그리하여 엄마 아빠와 자녀가, 선생님과 학생들이 함께 읽는 시집이 되길 원합니다.

책을 예쁘게 꾸며 준 계간문예 편집부에 고마운 마음을 전합니다.

2016년 1월
엄 기 원

차례

自序 004

제1부 재미있네 그 이름

재미있네 그 이름 012
느티나무 013
꽃이 나에게 014
대나무 소나무 015
목소리 016
해바라기 017
봄꽃 018
꽁무니에 달렸는데 019
고마운 얼굴 020
설날 022
참새 023
숲 속 마을 학교 024
달맞이꽃에게 026
삼월 027

제2부 오솔길이 좋아

오솔길이 좋아 030
글과 글자 031

그게 행복이야　032
시골집　033
진달래　034
하늘과 땅　035
여름휴가　036
남의 흉 덮어주기　038
생일 선물　039
까치집　040
인사　041
궁둥이와 엉덩이　042
상 받은 그림　043
비밀주머니　044

제3부 금 하나 그어 놓고

금 하나 그어 놓고　046
고양이 낮잠　047
여름 산은　048
심부름　049
엄마의 거짓말　050
가을 문턱　051

아빠 고향집 052
콩 심은 데 콩 나고 053
멀리서 보면 054
하늘 055
처음 가는 길 056
할아버지 어렸을 적엔 057
웃고 있잖아 058
깊은 밤 자지 않고 059

제4부 내 친구 헌집이는

내 친구 헌집이는 062
고추잠자리 063
우리 옆집 064
옹달샘 066
도를 닦는 산 067
공중전화 앞에서 068
어느 날 갑자기 069
할머니 돈주머니 070
새벽 · 2 072
어울림 073

걸레에게　074
악수　076
공중목욕탕에서　078
단풍 · 2　080

제5부 얼굴 감추고

얼굴 감추고　082
진눈깨비　083
기념일　084
내 글씨　085
계절은　086
산길　087
발에게　088
겨울 문턱에서　090
산딸기　091
달나라　092
추운 날　093
아는 사람 만나면　094
잠이 들면　095
새싹을 위해　096

제6부 책은 늘 그 자리에서

책은 늘 그 자리에서　098
좋은 아침　099
대화　100
만남　102
앞집 이사　103
질문　104
우리 가족 대화는　105
먼지　106
첫눈　107
꿈　108
마음이 있는 곳　109
떠돌이별　110
기쁜 날　111
우리말　112

내 詩 내가 말하다　114
제1회 계간문예문학상 아동문학 심사소감　117

1
재미있네 그 이름

재미있네 그 이름

아기 개는 강아지
아기 소는 송아지
아기 말은 망아지
하하하하 우습다
재미있네 그 이름
재미있어 그 이름

엄마 친구 장은경
누나 친구 강은경
내 친구는 황은경
하하하하 웃긴다
이름들이 똑같네
이름들이 똑같애

느티나무

느티나무는
친구가 없나 봐?

우리 동네 어귀에
혼자 우두커니 서서
지나가는 구름만 쳐다보네

나이가 많아도
늙지 않은 척
앙상한 가지 초록 잎새로 가리고

혼자 서 있는 느티나무
참 외로워 보이네.

꽃이 나에게

내가 말을 걸기 전에
꽃이 나에게 말을 건다

"난 달개비꽃이야, 어때?
 색깔과 모양이 잘 어울리지?"

"그래 참 곱구나
 달개비꽃이라고 했지?"

꽃과의 한 마디 인사
마음 문이 활짝 열린다

풀과 나무와 흙과 돌
그들과 한데 어울려 살아가는
나

"세상은 더불어 사는
 아름다운 곳이야!"
꽃이 나에게 알려주었어.

대나무 소나무

내가 좋아하는 대나무
속을 비우며 마음을 비우며
욕심 없이 사는 나무
한데 엉켜 대숲을 이루어
댓잎 비비며 서로 기대며
올곧게 사는 나무!

내가 좋아하는 소나무
비바람 눈서리 내리면
더 아름다운 나무
한데 엉켜 소나무 숲을 이루며
온갖 새 온갖 짐승 함께 사는
마음씨 좋은 나무!

목소리

사람마다
목소리가 다르니
참 다행이다

새소리
벌레소리처럼
똑같으면

정말 큰일이야!

엄마 아빠 목소리도
못 알아들으면
어떡하지?

해바라기

여름 낮 따가운
해만 따라 다녀서

해바라기 얼굴은
해를 닮았네

햇빛이 사방으로
퍼지는 걸 보더니

해바라기 꽃잎도
햇빛 닮았네.

봄 꽃

봄에 피는 꽃들은
모두 샘쟁이들

누구 하나 꽃망울
방긋하면
너도 나도 따라서
꽃망울 터뜨리는 것 좀 봐!

벚꽃이 피기 시작하니
개나리가 따라 피고

금방 샘이 나
진달래가 피고
목련이 피고

어휴!
산도 들도 마을도
봄꽃 세상이야.

꽁무니에 달렸는데

참 이상하네
모두
꽁무니에 달렸는데

왜
소와 개는
꼬리라 하지?

왜
새와 닭은
꽁지라 하지?

모두
꽁무니에 달렸는데….

고마운 얼굴

날마다 세수하고
거울을 보면서도
얼굴을 들여다보면서도
고마움을 몰랐는데

오늘 아침
그 고마움을 알았지

두 눈으로 세상을 볼 수 있어
고맙다
두 귀로 소리를 들을 수 있어
고맙다
오뚝한 코 숨 쉴 수 있어
고맙다

입으로
말도 하고 노래 부르고
맛있게 먹을 수 있어 고맙다

내 얼굴로 나를 구분할 수 있어
참 고맙다.

설날

새 마음 갖고 새 옷 입고
나이 한 살 더 먹는
새해 설날

집집마다 설날 맞아
차례 지내고
세배하고

떡국 먹고
덕담 나누면서
새해 첫날 보내네

마을마다 집집마다
"새해 복 많이 받으세요."
복을 받는 기쁨이 온 세상 가득하네.

참새

꼭 쥐면
손 안에서
-살려주세요. 짹짹
하고 소리치는

고 작은 것이
새 중에
제일 좋은 이름을 가졌어

참새!

참
웃기는 새야.

숲 속 마을 학교

강릉시 강동면 임곡리에
숲 속 마을 학교가 있다
이름도 아름다운
'임곡초등학교'

학생들과 선생님은
한 집안 식구들이다
산과 물과 꼬막 같은 마실이
한 폭의 그림

사시사철
조롱조롱 조로롱
포롱포롱 포로롱
학교에서도 숲 속에서도
노래가 흘러나온다

숲 속 마을 학교는
공부가 재미있다
책 읽고 문제 푸는 것만 공부가 아니다
청설모 산토끼 다람쥐 산새들과의 만남도

개미랑 지렁이랑 방아깨비랑 노는 것도
재미있는 공부다

소나무 참나무 자작나무 물푸레나무
나무 나무 나무
그 가지 잎새 사이로
줄기 줄기 비추는 작은 햇빛 받으며
방긋 웃는 도라지꽃 원추리꽃 붓꽃
향기로운 풀꽃들이 정겨운 고장!

푸른 산허리에
구름도 쉬어가는 이 고장 숲실
얼기설기 한데 어울려 살아가는
자연의 모습을 배우는
숲 속 마을 학교
행복한 임곡초등학교.

---

* 2010. 9. 16. 임곡초등학교에서 열린 작은 콘서트에서 지은이가 직접 낭송하다.

달맞이꽃에게

분꽃, 나팔꽃,
채송화, 봉숭아, 해바라기
모두모두 해를 좋아하는데

넌 참 이상하구나
어둔 밤에
달만 좋아하니까

저 높은 하늘에서
달이
널 알아보겠니?

삼월

창문을
활짝 열고
허공에다 소리치고 싶다

골목을
내달으며
휘파람을 불고 싶다

스치는 사람마다
미소 띤 얼굴
모르는 사람도
아는 사람 같다.

2
오솔길이 좋아

오솔길이 좋아

차가 씽씽 달리는
아스팔트 큰길보다
나는 산골 오솔길이 좋아

울퉁불퉁 꼬불꼬불
풀뿌리 돌부리 길로
사람도 조심조심 가고
소도 느릿느릿 가는

햇볕이 사르르
놀러오는 길

개미들이 줄지어 다니고
벌레가 살금살금 지나다니고
이따금 산새들이 맨발로 걸어보는

차가 없어 조용한
오솔길이 좋아.

글과 글자

'글'은 한 자
'글자'는 두 자

그런데
참 이상하지?

글자가
수백 개, 수천 개 모여야
글이 되다니…

한 자밖에 안 되는
글의 힘
참 세군!

그게 행복이야

목마를 때
꿀꺽꿀꺽
냉수 한 그릇

배고플 때
후룩후룩
국수 한 대접

졸리 울 때
코올코올
낮잠 한 숨

몰랐지?
그게
행복이야.

시골집

서울 아파트
상자 같은 우리 집은
우리 가족만 사는데

할아버지 할머니 사는
시골집에 가 보면
거미랑 귀뚜라미랑 개미랑
처마 밑에 제비까지
함께 산다

두리뭉실 시골집
허술하지만…

마당에 곡식 널고
지붕 위에 고추 널고
대문 활짝 열어놓고 산다

검둥개와 송아지가
형제처럼 크는
오두막 시골집

진달래

봄을
좋아하는 꽃

1년을 기다렸다가
4월이면
활짝 웃는 꽃

온 산을
붉게 물들이며
그림을 그려놓고

온 세상에
기쁨을 선사하는
고마운 꽃
진달래!

하늘과 땅

하늘과 땅
어울려
자연이 되고

산과 들
어울려
숲이 되고

그 숲과 더불어
사람과 생물이
정답게 살아가고

그게 보기 좋아
해님 달님은
낮과 밤을 만들어 주고···.

여름휴가

한여름 덥다고
휴가를 떠나네

도시 사람들은
바다로 산으로
해외여행도 가는데

비둘기들은
사람 발길 많은
놀이터 먼지 속에서
모이를 쪼고

매미는
시끄러운 차 소리 요란한
서울 거리 가로수에서
찌르 찌르르 맴맴
목청을 뽑네

매미는 해마다

시끄러운 도시로
여름휴가를 오네.

남의 흉 덮어주기

새도 벌레도
풀도 나무도
흙도 돌멩이도

남의 흉보지 않고
제 할 일만 하는데
나는 여태
남의 흉 많이 봤지

정말
부끄러워
고개를 들 수 없네

풀과 나무를 닮아야지
흙과 돌을 닮아야지.

생일 선물

아홉 살
승호 생일날

옆집 윤주가
장미꽃 한 송이 내밀며
"생일 축하해! 승호야."

꽃 한 송이 받아들고
헤벌레 입이 벌어진
승호

꽃 한 번 보고
윤주 얼굴 한 번 보고

아홉 살 생일
꽃 한 송이 선물
잊지 못할 거다
승호는.

까치집

까치는
가느다란 나뭇가지로
집 짓는 기술
어디서 배웠지?

한 개씩 물어 날라
발로 밟으며
×, +, —를 하면서
집을 짓는 까치!

회오리바람 불어도
끄떡없는
집짓기 기술
누구한테서 배웠니?

인사

"안녕—"
짧고 짧은
한 마디 말인데

반갑고
고맙고
정겹다

인사하는 사람도
인사 받는 사람도

밝은 얼굴
꽃이 된다

"안녕—"
참 좋은 말이네.

궁둥이와 엉덩이

-엄마, 엉덩이가 맞아? 궁둥이가 맞아?
-엉덩이나 궁둥이나 그게 그거지 뭐
-똑같으면 왜 두 가지를 쓰는 거야?
-글쎄, 조금 다른가 보다
 너, 국어사전 갖고 와 봐

· 궁둥이 : 주저앉아서 바닥에 붙는
    엉덩이의 아랫부분
· 엉덩이 : 볼기의 윗부분

그럼
볼기는 또 뭐야!

· 볼기 : 뒤쪽 허리 아래 허벅지 위
    살이 두둑한 부분

국어사전 보아도
궁둥이, 엉덩이, 볼기
답을 모르겠네.

상 받은 그림

엄마랑 손잡고
그림 전시회에 갔다

울긋불긋 색칠한 그림들이
유리액자 옷 입고
뽐내며 걸려 있다

한 액자 앞에
사람들이 둘러서서
손가락질하며 웃었다

짝짜기 눈
코도 비뚤 입도 비뚤
엄마 얼굴 그림 밑에

「최고상-○○초등학교
　　3학년 엄청난」

제일 못 그린 그림에게
주는 상인가 봐?

비밀 주머니

사람마다
남에게 보여주지 않은
비밀 주머니가 있지

그 속에서
한 가지 꺼내 쓰는
생각 주머니

써도 써도
샘처럼 줄지 않는
요술 주머니가 있다네

우리 몸 속
어디엔가 꽁꽁 숨겨 둔
생각 주머니
비밀 주머니

3
금 하나 그어 놓고

금 하나 그어 놓고

하늘과 바다는
아주아주 옛날 옛적

하늘 끝 바다 끝자락에
금 하나 그어 놓고 약속했대
서로 절대 넘보지 말자고

그 수평선 위로
빨간 해가 솟으면
하루의 낮이 되고
노란 달이 솟으면
하루의 밤이 되고

금 하나 그어 놓고
아주아주 사이좋게
그 약속 한 번도 어기지 않네.

고양이 낮잠

우리 집 고양이는
내 곁에 와 장난 거는 게
좋은가 봐

책상 위에
사뿐 올라와
퍼놓은 책장 위에 사뿐 앉아
나를 바라본다

한참 놀다보면
재미없는지

어느새
소파 위에서 가릉가릉
낮잠 자는 고양이!

나도 고양이 곁에서
낮잠 한숨 자고 싶네.

여름 산은

여름 산은
우거진 숲이 좋네
시원한 산골짜기
구수한 버섯 내음

물소리 산새소리
풀벌레 소리
자연의 대합창
울려 퍼지는 여름 산

여름 산은
건강미를 자랑하네
소나무 굴참나무
엄나무 자작나무

이름도 알 수 없는
온갖 풀숲이 되어
자연의 모습대로
살아가는 여름 산

심부름

엄마 심부름은
늘 한 가지

"정수야,
두부 한 모 사 올래?"

"응, 알았어."

그 두부 넣고 끓인
된장찌개 먹고
내가 이만큼 컸지롱!

엄마의 거짓말

거짓말은
하지 말라고 한다

거짓말은
나쁘다고 한다

그런데 엄마는 거짓말쟁이
내가 끓인 라면 푹 불었는데도
"아이구, 맛있게 끓였네."
하며 먹는다

군고구마 껍질 까주면서
나만 먹인다
"엄마도 좀 먹어."
"난 군고구마 싫단다. 어서 먹어라."

엄마가 고구마
얼마나 좋아하는데….

가을 문턱

그래
새로움의 발견이야

못 보던
잠자리가 날아다니고

어디선가
맴— 맴 매미 소리가
쓱— 쓱 목이 쉬었네

그 소리가 안타까워
해도 서산을 빨리 넘네.

아빠 고향집

강원도 첩첩 산골인
아빠의 고향

승용차도 엉덩방아 찧는
꼬불꼬불 돌밭 길로
찾아간 아빠의 고향

산도 숲도 초가집도
한 이웃이네

처마 밑엔
제비네가
흙집 붙여 같이 살고

마당가 감나무엔
참새 떼가 놀러와
수다를 떠는

아빠 고향집은
정이 가득
웃음이 가득

콩 심은 데 콩 나고

이팝나무는
하얀 입쌀밥만 먹고 자라
하얀 꽃을 피운대요

조팝나무는
노란 좁쌀밥만 먹고 자라
노란 꽃을 피운대요

틀림없군!

콩 심은 데 콩 나고
팥 심은 데 팥 난다는 말이.

멀리서 보면

큰 산도
넓은 들도
멀리서 보면
한 폭의 그림이야

지구보다 더 큰
화성도
금성도
아주아주 멀리서 보면
반짝이는 작은 별이야

멀리서 보면
멀리서 보면
지난날 어린 시절
나의 모습도
그림처럼 별처럼
아름다울 거야.

하늘

하늘이 있어
참 다행이야

학교 공부 못했다고
엄마한테 들은 꾸중

영어공부 게을리 한다고
아빠한테 들은 잔소리

푸른 하늘이
다 가져갔어
그리고 이렇게 타이르잖아

― 난 언제나 네 편이야
속상하고 우울할 때
나를 쳐다 봐!
이 넓고 푸른 하늘을….

처음 가는 길

산길
오솔길
처음 가는 길

낯설어도
불편해도
싫지 않은 길

풀숲에
얼굴 붉힌
산딸기 좀 봐

길섶에
도라지꽃
보랏빛 곱다

흙 내음
버섯 내음
고향길 같네.

할아버지 어렸을 적엔

할아버지
어렸을 적엔
손목시계 차고 자랑했대
팔목을 걷어 올리며
"아, 지금 몇 시지?"

아빠
어렸을 적엔
카메라 둘러메고 으스댔대
카메라 들이대며
"야, 사진 한 장 찍어줄까?"

그거 모두 웃기는 말이네
내가 들고 있는
요 얄팍한 스마트폰 속에
시계도 들어있고
카메라도 들어 있는 걸…

옛날과 오늘
천지 차이네.

웃고 있잖아

깊은 밤 나도 모르게
잠에서 깨어보니
들창문 커튼 사이로
누군가 웃고 있네
일어나 밖을 내다보니
하늘 높이 하얀 달이
나를 보고 방긋이
웃고 있잖아, 글쎄—

나 혼자 산 속에서
오솔길을 걷다보니
수풀 속 잎새 사이로
누군가 웃고 있네
무얼까 잎새 들춰보니
숲 속에서 노란 풀꽃
나를 보고 반가워
웃고 있잖아, 글쎄—.

깊은 밤 자지 않고

바람은
깊은 밤 자지 않고
이 집 저 집 담장을 넘어
창문 잘 닫혔는지 흔들어보고

개울물은
깊은 밤 자지 않고
구석구석 가재도 송사리도
잘 자라는지 보듬어보고

보름달은
깊은 밤 자지 않고
하늘 높이서
마을마다 골짜기마다
제 자리에 잘 있는지 살펴보고

4
내 친구 헌집이는

내 친구 헌집이는

내 친구 헌집이는
놀려먹기 좋아

낡은 집에 살아도
헌집

새 아파트에 살아도
헌집

헌집이는 이름 땜에
손해가 많다.

고추잠자리

고추밭 위로 날아다니는
고추잠자리 떼!

고추밭에 숨어서
잘도 자랐네

땅에는 빨간 고추
하늘엔 빨간 고추잠자리
초가을을 알리네

저 푸른 하늘엔
하얀 구름 떼—.

우리 옆집

할아버지 할머니만 사는
우리 옆집
겨울이면 너무 조용하다

눈이 와도 걱정
바람 불어도 걱정
할아버지 할머니는
추워서 밖으로 못 나오신다

너무 조용해
이따금 궁금해진다
혹시 편찮으시진 않은가?

아들도 있고 딸도 있고
손자도 있는데
명절 때만 자가용 타고 왔다가
금방 가버린다

내가 대신

손자 노릇하고 싶다
할아버지 할머니만 사는
우리 옆집.

옹달샘

깊은 산 속
옹달샘

산토끼
산노루
목 축이게 하고

샘가엔
산새들 놀러오라고
산딸기도 가꾸면서

구름 한 점
바람 한 점
쉬어 가게 하는

깊은 산 속
옹달샘.

도를 닦는 산

멀찌감치 앉아
조는 듯 말이 없는
산

온갖 보물 갖고 있으면서
한 번도 자랑하지 않는
산

물소리
바람 소리
멧새 소리
풀벌레 소리 들으며

눈 감고 조용히
도를 닦는
산!

공중전화 앞에서

공중전화 앞에서
발을 동동 구르며
쩔쩔매고 있는데

처음 보는 누나가
얼른 동전 두 닢을 주었다

내 호주머니 속
천 원짜리 두 장
쓸모없는데

동전 두 닢
주고 간 그 누나
지금도
잊혀지지 않는다.

어느 날 갑자기

참 놀라운 일도 있네!

한여름 더운 날에
갑자기 하늘에서
우박이 쏟아져
온 세상을 놀라게 하네

떨어지는 얼음 조각에
사람도 다치고
과일나무도 다치고—

참 우스운 일도 있네!

할머니 돈주머니는

할머니 돈주머니는
해마다 설날 아침에만 볼 수 있다
장롱 속 깊숙이 숨어 있어서…

설날 아침
아들 며느리 손자들
세배 받을 때만 나온다

할머니 돈주머니는
요술쟁이인가 봐
"우리 손자, 세뱃돈 줘야지"
언제나 빳빳한 새 돈만 나온다

할머니는
새해 설날 아침
우리한테 절 받고
세뱃돈 주고 싶어
일 년 내내 기다리신다

그러느라고 해마다
머리카락이 한 올씩 하얘진다.

새벽 · 2

마을마다 집집마다
잠들어 있는데
먼동이 트면서
하루를 여는 시각!

새벽은
정갈한 샘물처럼
맑고 시원한데

머잖아 해가 뜨는
이른 아침이 된다

새벽은 하루를 여는
대문이라네.

어울림

산마을 벌마을 갯마을이
한데 어울려
아름답다

오두막집 기와집 양옥집이
섞여 있어서
잘 어울린다

사람도
풀과 나무
벌레와 새들과 짐승과
함께 살아야 정겹다

그렇지!
자연은 함께 사는
어울림이다.

걸레에게

한 번도
훤한 자리
앉아보지 못하는
너!

여기저기
지저분한 곳 찾아다니며
온몸으로 닦아주는
너!

수돗물에
목욕 한 번 하고 나면
그걸로
보상 끝

고맙다
걸레야!

늘

보일 듯 말 듯
구석자리에서
대기 중인
너!

악수

아이들 인사는
서로 보고
씩― 웃어 주는데

어른들 인사는
뭐라고 지껄이면서
서로 악수를 하네

아이들 싸움은
서로 엉켜
씨름하듯 뒹굴고 나서
금방 웃으며 친해지는데

어른들 싸움은
삿대질하며 목소리 높아지다가
서로 얼굴 돌리고
웃음을 감추네
말을 멈추네

그러려면
악수는 왜 하는가?
어른들은
마음이 좁은가 봐.

공중목욕탕에서

홀랑 벗고
수건 한 장 가리고
목욕탕 문을 열었다

목욕탕 냄새가 확—
안개 같은 김이 확—
아주 딴 세상이다

뜨끈한 물 한 바가지로
몸을 적시고
탕 속으로 쏘옥—

건너편 모서리에
얼굴만 보이는
할아버지 한 분
빙그레 웃으신다

때 밀기
머리감기

세수하기 바쁜 사람들
모두가 벌거숭이
가진 건 수건 한 장
아주 평등하다

얼굴들이 참 평화롭다.

단풍 · 2

산마다
'입산금지'
'산불조심'
큰 팻말을 붙여봐도
소용없다

해마다
시월이면
어김없이
새빨갛게 산이 불붙는다
온 산이 탄다

그렇지만
범인은
한 번도 잡히지 않는다.

5
얼굴 감추고

얼굴 감추고

해님은
낮에만 다니는
겁쟁이야

어둔 밤엔
겁이나
얼굴 감추고 꼭꼭 숨지

달님은
밤에만 나다니는
부끄럼쟁이야

밝은 낮엔
수줍어
얼굴 감추고 꼭꼭 숨지.

진눈깨비

그들은 본시
같은 뿌리의 형제들이다

그런데도
서로 영 딴판이다
빛깔이 다르고
모습도 다르고
성질도 다르다

눈은 겨울을 좋아하고
비는 여름을 좋아한다

삼월 어느 날 잠시
눈과 비가 함께 만나면
서슴없이 이름도 양보한다
'진눈깨비'

눈도 아니라고
비도 아니라고.

기념일

오월 오일은
어린이날
어린이가 왕이 되는 날!

오월 팔일은
어버이날
엄마 아빠께 감사하는 날!

시월 초하루는
국군의 날
국군 아저씨가 자랑스런 날!

시월 구일은
한글날
세종대왕님이 생각나는 날!

모두 기념하라
잊지 말아야 하는 날.

내 글씨

날마다
연필로 볼펜으로 쓰는
내 글씨!

보면 볼수록
정겹고 재밌다

내 글씨를 들여다보면
꼭 내 마음
내 모습을 보는 것 같다

울퉁불퉁
못난 내 글씨!

우리 가족도
친구들도
금방 알아보는
내 글씨!

계절은

계절은
빛깔이 있다
그 빛깔로 우리는
봄, 여름, 가을, 겨울을 구분한다

계절은
자연을 데리고 다닌다
자연은 한 번도 계절의 손을 놓지 않는다
늘 함께 다니는 게 보기 좋다

계절은
온 세상을 돌아다녀 봐도
조그만 반도
'한국'과 '조선' 만한 곳이 없단다

계절은
내 귀에 속삭인다
'한국'과 '조선'을 합치면
더 아름답다고
얼른 녹슬은 휴전선을 걸을 수 없느냐고.

산길

산길은
울퉁불퉁 구불구불
아주 못생겨도

걸으면 걸을수록
정겨운 길

비탈진 산기슭에
흙과 돌 풀뿌리 나무뿌리
한데 어우러져

사람도 가고 다람쥐 뱀
노루 토끼도 지나가고
바람도 햇볕도 쉬어가는 길

흙 내음
버섯 내음
솔 내음 구수하고 향긋한
그 길은 산길
참 좋은 길.

발에게

고맙다
발아!

추위도 더워도
늘 퀴퀴한 신발을 신고

내가 가야할 곳을
편안히 데려다 주는 발아
몹시 피곤할 텐데

힘든 일을 하는데도
가장 낮은 곳에서
겸손하게 있구나

문밖에도
이웃집도
몇 십리 먼 길도

걱정 않고

나를 데려다 주는

발아
고맙다!

겨울 문턱에서

엊그제까지만 해도
가로수의 노란 은행잎들이
가을 옷을 자랑하고 섰는데

어느새
벌거숭이가 되어 떨고 있다
겨울 문턱에서

오후 다섯 시만 돼도
해님은 종종걸음으로
서쪽 산 너머로 숨는다

을씨년스런
한 장 남은 달력을 본다
겨울 문턱에서

산딸기

산골짜기
숲 속에
빨간 산딸기를

산새들도
못 보고
그냥 날아가네

탐스러운
산딸기
내가 따먹을까?

아니 아니
아니야
그냥 두고 볼 거야.

달나라

그림책에서 봤는데
달나라에는
옥토끼가 떡방아를 찧고 있어

그 떡
누가 먹을까?

형이 그러는데
달나라는
학원도 없고 차도 없대

거기 가서
공차고 놀았음 좋겠다.

추운 날

하늘은
깡마르게 맑고

바람은
차갑게 맑다

사람들
발걸음은 빨라지고

버스도 택시도
창문 꽁꽁 닫고
달아난다

이런 날엔
하늘 높이
연을 날리고 싶다.

아는 사람 만나면

엄마도 아빠도
"아는 사람 만나면 인사하는 거야."
이렇게 가르쳐 주셨다

나는 아는 사람 만날 때
그냥 장난으로 인사했다
"안녕하세요."

그런데 어른들은
진짜 고마워했다

"아이구, 착해라.
그래, 몇 층 사는 누군고?"
"네, 9층 905호 사는 윤종구요."
"윤종구라! 아주 예의가 바르구나."

장난으로 했는데—
칭찬을 받다니
이제부터는 인사를 잘 해야지!

잠이 들면

심심해 칭얼대던
우리 아기도
소르르 잠이 들면
조용해지고

사납게 몰아치던
회오리바람도
사르르 잠이 들면
얌전해지고

그맘때 기다리던
울밑 꽃밭에
살며시 싹이 트는
작은 꽃씨들

그맘때 낮잠 자던
얼룩 고양이
가만히 눈을 뜨고
켜는 기지개

새싹을 위해

햇볕이
사르르르

바람은
소올솔

개울물은
찰랑찰랑

그리고 새들도
숲 속에서
소곤소곤…

온 세상이 새싹을 위해
가만가만
조심조심…

6
책은 늘 그 자리에서

책은 늘 그 자리에서

고맙다
책은

늘 그 자리에서
보채지 않고
누가 올 때까지
기다려준다

책장 속에
좁게 좁게 비껴 서서
마음 변치 않고
하염없이 기다려주는

고마운
책!

좋은 아침

밤 사이 나처럼
푹 자고 일어난 모습들

가로수 잎새들도
세수한 얼굴이네

낯익은 할아버지는
삽살개 데리고 동네 한 바퀴

길가에 늘어선 가게들도
하나 둘 문을 열고

출근길
바삐 바삐 걸어가는
아저씨들도 밝은 얼굴이네

모두에게
"좋은 아침!"
인사하고 싶네.

대화

"엄마 아빠, 고향이 뭐야?"

"응, 고향이란 어렸을 때 살던 곳을 말하는 거야."

"그럼, 나는 고향이 어디야?"

"네가 지금 살고 있는 서울이지."

"서울? 뭔 고향이 이래?
난 서울 고향 안 할 거야."

"그런 게 어딨어!
싫어도 넌 서울이 고향이야."

"나도 엄마 아빠처럼 강원도 산골 동네를
고향 할 거야."

"그럼, 강원도 산골에 가 살까?
학교도 다니기 힘든 곳인데—"

"아이 좋아! 나는 서울보다 시골이 더 좋단 말이야
나는 이제부터 시골이 고향이다!'

"그래 우리 '고향의 봄' 동요 불러보자."

- 나의 살던 고향은 꽃피는 산골
  복숭아꽃 살구꽃 아기 진달래…

만남

길거리에서
윤지를 만났다

별로 친하지 않았는데
만나니 반가웠다
윤지도 반갑다고 웃었다

돌아오는 골목에서
얼룩고양이를 만났다
반가워 손을 흔들자
고양이도 자꾸
뒤돌아보았다

사람의 만남도
고양이의 만남도
참 즐거웠다

만남이란
소중하구나.

앞집 이사

학교 갔다 오니
앞집이 이사 갔다
소문도 없이

앞집 살던
길순이도 사라졌다

엄마도 아빠도
몰랐단다

어디로 갔을까?
길순이네 집

정다운 아파트 107동
우리 집은 503호
앞집은 504호

문만 열면 마주 보는
코 닿는 이웃
아파트 이름이 부끄럽다.

질문

아빠에게 물어 보았지

"이 세상을 누가 만들었어요?"
"그야 하느님이 만들었지."

"그럼, 산 들 나무 풀은요?"
"물론이지! 사람도 짐승도 벌레도 물고기도
모두 조물주 하느님이 만드셨단다."

"그럼, 사람은 왜 모두 다르게 만들었나요?"
"똑같으면 누가 누군지 알아보겠니?"

"아, 그렇군요."

우리 가족 대화는

우리 가족 대화는
참 간단해

엄마는 날 보고
- 숙제 했니?
- 학원 가야지

아빠는 날 보고
- 옷이 그게 뭐니?
- 머리 좀 잘라라

그때마다 내 대답은
- 응, 알았어
- 글쎄, 알았다고!

우리 가족 대화는
이것뿐이야.

먼지

너는
날아다니는 명수
보이지 않는 재주꾼이야

아무 데든
가리지 않고
내려앉는 자유를 누리는구나

먼지!
이름도 짧고
부르기도 편하다

귀찮지만
늘 가까이 있어
좋은 친구야
너는….

첫 눈

하얀 몸매로
나풀나풀
춤추며 내려오는
첫눈!

어른도 아이도
웃음으로 맞아 주는
반가운 손님
첫눈!

그 먼 하늘나라에서
무슨 소식
전하려고
내려올까?
반가운
첫눈!

꿈

이런 세상이 되었으면
얼마나 좋을까?

골목길에 아이들이
놀고 있으면
차들도 오던 길을
되돌아가고

유괴 강도 사기
시험 과외…
이런 낱말들이
영원히 우리 곁을 떠나면
얼마나 좋을까?

한 5년쯤 지나
어느 날 갑자기
휴전선이 걷히어
남과 북이 하나 되면
얼마나 좋을까?

마음이 있는 곳

사람마다
마음이 있고

개도 마음이 잇고
고양이도 마음이 있지

마음이 있어서
기쁨도 알고 슬픔도 알고
좋은 것도 알고 싫은 것도 알고

그런데
아직 답을 몰라
마음이 있는 곳이 어딜까?

머릿속에?
가슴속에?
있기는 있는데
모르겠어.

떠돌이별

나는
한 개의 떠돌이별
어디서 왔다가
어디로 가는지 나도 몰라

구름을 벗하고
바람을 동무 삼아
창공을 떠다니는 별

저 하늘에는
아름다운 별의 무리!
그 속에 나도 하나의 별로
천천히 천천히
서로 부딪치지 않고
환상의 세계를 여행하고 있다

별의 세계는 영원해
시간이 흘러도 늙지 않는
나는 떠돌이별

기쁜 날

학교 길에
불쌍한 할머니를 보고
천 원을 꺼내 도와 드렸지요
내 지갑 속엔 오백 원이 남았습니다

내 짝 강수가
봉사활동으로
교장선생님 상장을 받았지요
난 축하의 박수를 쳐주었습니다

집 앞 골목길에서
우리 아파트 옆동 아줌마
장바구니를 들어드렸지요

"아이구 고마워라."

어쩐지
오늘은
마음 뿌듯하였습니다.

우리말

'꽃'이란 우리말
참 곱다

꽃망울 봉긋봉긋
꽃봉오리 봉실봉실
꽃내음 향긋

'바람'이란 우리말
참 좋다

봄바람 살랑살랑
들바람 너울너울
솔바람 소올솔

'방울'이란 우리말
참 재밌다

방울꽃 조롱조롱
방울새 조로로롱

방울나귀 달랑달랑

'우리' 란 우리말도
얼마나 좋으니!

---

* 중국 연변 조선족 학교 교과서 「조선어문」 7학년 상권 제1단원에 수록(연변교육출판사, 2014). 우리나라 중학교 1학년 1학기 국어 책에 해당됨.

내 詩 내가 말하다

엄 기 원 (시인)

좋은 이름

'아버지'
그 이름만으로도
우리 가족에겐
하늘이다.

우리는 날개를 펴고
마음대로 날 수 있는 새들이다

'어머니'
그 이름만으로도
우리 가족에겐
보금자리다

우리는 날개를 접고
포근히 잠들 수 있는 새들이다.

 이 동시는 2010년에 쓰고, 2011년 2월에 발행한 나의 동시집 「삼월의 기차여행」에 수록된 작품이다.
 나는 동시집을 15권을 냈지만, 아버지 어머니에 대한 동시가 별로 마음에 드는 작품이 없다. 몇 편 있지만 흔히 남들이 생각할 수 있는 상념적인 내용을 담고 있어 마음에 흡족하지 못했다.
 그런데 '좋은 이름'에 담고 있는 부모님에 대한 생각은 좀 달랐다. 부모의 사랑이 구체적이지는 않아도 어린이들에게 '엄마 아빠의 존재는 무엇이며 어떠한 위치일까' 하는 포괄적인 의미로 볼 때 아버지는 하늘이고, 어머니는 어린 자식들에게 보금자리라는 생각이 떠올랐다.
 순식간에 떠오르는 시상을 놓치지 않고 적어보았는데, 자유로운 정형시이면서 아주 마음에 들었다. 그러면서 은근히 욕심이 생겼다. '이 동시를 어느 동요 작곡가가 곡을 붙여 주어,

어린이들에게 노래로 불리어지면 얼마나 좋을까? 이런 욕심이다.

  세상은 참 많이 변했다.

  나는 어렸을 적부터 아버지 어머니가 세상을 떠날 때까지도 한 번도 '아빠', '엄마'라고 유아어로 불러 본 기억이 없다. 늘 '아버지', '어머니'로만 불렀다. 우리 시절엔 너 나 없이 모두 그렇게 불렀다.

  그러나 오늘날은 어머니 아버지 호칭은 방송 용어나 교과서 용어처럼 변해버렸다. 어린이 어른 할 것 없이 누구나 친부모에게 '엄마', '아빠' 호칭을 사용하는 게 자연스럽게 일반화되어버렸다.

  부모님이 다 돌아가시고 나도 이젠 할아버지가 되었다. 내 생일이나 명절 때 아들딸들이 찾아와

  "아버지, 절 받으세요."

  라고 해 절을 받으면서 생각해 보니, 내 자식들도 어렸을 때 '아빠'가 아니라 '아버지'라고 부르며 자랐다는 생각이 떠올랐다.

  아버지는 어린이들에게 하늘 같은 존재고 어머니는 포근한 보금자리임엔 틀림없는데, 부모의 호칭은 세월 따라 시대에 따라 변하는가 보다.

제1회 계간문예문학상 아동문학 심사소감

쉬운 표현 속에 많은 생각 깃들어

본심에 올라온 작품은 동시가 〈단풍〉 외 9편, 동화가 〈푸른 메아리〉 외 3편이었다. 많은 응모작 중에서 엄정한 예심을 거쳐 올라온 작품답게 수준이 높고 우열을 가리기가 쉽지 않았다.

동화에서 〈푸른 메아리〉는 송사리 삼남매를 외할아버지댁에 맡겨버린 어머니의 삶과 매정함이 마음에 걸렸고, 〈그래도 꿈은 자란다〉는 4학년까지 미선이와 향숙이 사이의 갈등이 바람직한 결론을 얻지 못하다는 점이 감점의 요인이 되었다. 〈고양이 스님 새벽이〉는 버만 고양이의 등장과 두 고양이의 조상에 관한 이야기가 사족이 되었고, 〈모델이 된 허수아비〉는 전체적으로 이야기의 개연성이 부족했다. 그래서 동화에는 수상작을 낼 수 없었다.

동시에서 〈꽃들에게 미안해〉〈단풍〉〈작은곰자리와 큰곰자리〉〈반딧불이〉 등에 호감이 갔으나 표현의 상투성이 아쉬웠다. 이에 비해 〈도를 닦는 산〉이 눈길을 끌었다. 산은 갖고 있는 것이 참 많다. 온갖 새와 짐승들이 깃드는 숲, 솔소리, 바람소리, 골짝물 소리와 아름다운 풍경이 모두 산의 것이지만 그것을 자랑하지 않고 없는 듯 앉아 있다. 마치 조용히 눈을 감고 깊은 생각에 잠긴 도인의 모습을 떠올리게 해서 쉬운 표현 속에서도 많은 것을 생각하게 했다. 이 시인이 함께 투고한 〈참새〉〈금 하나 그어 놓고〉〈남의 흉 덮어주기〉〈우리말〉 작품도 호감을 사기에 부족함이 없었다.

계간문예에서 제정한 제1회 문학상 수상자이다. 행운의 주인공이 누구인지 참 궁금하다. 수상자에게 진심으로 뜨거운 박수를 보내면서 계속해서 좋은 작품 많이 쓰기를 기원한다.

심사위원 김종상

엄기원 동시집_ 오솔길이 좋아

초판 인쇄 | 2016년 1월 5일
초판 발행 | 2016년 1월 10일

지 은 이 | 엄기원
회　　장 | 서정환
발 행 인 | 정종명
편집주간 | 차윤옥

펴낸곳 | **도서출판 계간문예**
주소 | 03131 서울 종로구 삼일대로 32길 36 운현신화타워 305호
편집부 | 03132 서울 종로구 삼일대로 30길 21 종로오피스텔 808호
전화 | 02-3675-5633, 070-8806-4052
팩스 | 02-766-4052
이메일 | munin5633@naver.com
등록 | 2005년 3월 9일 제300-2005-34호
ISBN 978-89-6554-135-6 04810
ISBN 978-89-6554-118-9 (세트)

값 10,000원

잘못 만들어진 책은 바꾸어 드립니다.

〈이 도서의 국립중앙도서관 출판시도서목록(CIP)은 서지정보유통지원시스템 홈페이지 (http://seoji.nl.go.kr)와 국가자료공동목록시스템(http://www.nl.go.kr/kolisnet) 에서 이용하실 수 있습니다.(CIP제어번호: CIP2016000129)〉